Gustav Landauer, Walt Whitman

Gesänge und Inschriften

Gustav Landauer, Walt Whitman

Gesänge und Inschriften

ISBN/EAN: 9783337353551

Hergestellt in Europa, USA, Kanada, Australien, Japan

Cover: Foto ©Thomas Meinert / pixelio.de

Weitere Bücher finden Sie auf **www.hansebooks.com**

WALT WHITMAN

GESÄNGE UND INSCHRIFTEN

ÜBERTRAGEN

VON

GUSTAV LANDAUER

KURT WOLFF VERLAG MÜNCHEN
1921

WALT WHITMAN

DIE Gestalt des Dichters Walt Whitman und alles was er geschrieben hat mutet an, als ob Amerika, die Vereinigten Staaten, auf die Goetheworte: »Amerika, du hast es besser, Als unser alter Kontinent, der alte; Hast keine verfallenen Schlösser, Und keine Basalte!« ein lautes: Ja, ja, ja, so ist es! hätten über die See herüberrufen wollen. Hat doch Whitman selbst oft genug von sämtlichen Dichtern der Veruneinigten Staaten Europas, übrigens in Worten größten Respektes, gesagt, daß sie der Vergangenheit und dem Zeitalter des Feudalismus angehören, mit Ausnahme des einen Goethe, der seine besondere Stellung dadurch hat, daß er ein König ohne Land, ein Dichter ohne Nation ist. Amerika ist für Walt Whitman das Reich der Zukunft, der noch nicht fertigen, sondern erst zusammenwachsenden, anschießenden Volksgemeinschaft.

Es wäre nüchterne Kleinlichkeit, vielleicht auch so etwas wie politische Eifersucht, wollte man dem Dichter einwenden, solcher Standpunkt zeuge doch von gefährlichem, übertriebenem Hochmut. Denn um Whitmans Selbstgefühl, das er von sich und seinem Volke hat, zu verstehen, muß man die Art Politik beiseite lassen; die wohnt etliche Stockwerke tiefer als solche Kulturbetrachtung aus der Höhe der wollenden Dichterphantasie. Whitman hat – wiewohl er es nicht gerade so ausdrückt – von seinem Volke das Gefühl, daß es ein neuer Beginn ist, frische, aus Völkermischung entstandene Barbaren, die einen Abschnitt in die Geschichte bringen. Man denke daran, wie die Germanen, schon zu den Zeiten des Arminius, der sogar seinen Namen von der römischen gens Arminia genommen hat – wie hieß er in Wahrheit? Gewiß nicht Hermann, aber vielleicht Sigfrid? –, wie diese Germanen vielfach vertraut waren mit der großen griechisch-römischen Kultur, und wie sie doch, zumal als der neue Mythos, das Christentum, über sie gekommen war, mit einer ganz neuen, primitiver scheinenden Kultur anheben mußten. So sind für Whitman, der in sich selbst die große, wilde, durch keinerlei Konvention gebrochene Natur fühlt, die Amerikaner ein eben erst werdendes neues Volk, Barbaren und Beginnende: und den neuen, großen Glauben, die neue Kunst, die allem großen Volke vorleuchten muß, will er selbst ihnen schaffen helfen. Sein Selbstgefühl ist viel mehr ein Gefühl seines Volks als seiner selbst; man darf sich durch das mystische »Myself« (Ich) seiner Verse nicht irre machen lassen; er hat es ganz klar empfunden und gesagt, daß er nur ein erster, kleiner Beginn ist, ein früher Vorläufer eines amerikanisch-perikleischen Zeitalters. Und er hat überdies immer gemeint, daß Amerika nur den besonderen Beruf hat, ein paar Schritte voraus zu sein, daß aber alle Völker der Erde den nämlichen Weg gehen werden.

Welchen Weg? Er sagt ihn uns in seinen »Trommelschlägen«, die er während des Krieges ertönen ließ:

Seid nicht verzagt, Empfindung wird den Weg zur Freiheit
    bahnen jetzt;
Die sich lieben untereinander, sollen die Unbesieglichen
    werden.
... Dachtet ihr, Advokaten schüfen euch den
    Zusammenhalt?
Oder Verträge auf einem Papier? oder die Waffen?

Nein fürwahr, so ist weder die Welt, noch irgendein lebendes
    Ding zusammengewachsen.

Seine »Demokratie« ist ein freies Volk tätiger Menschen,
die alle Hemmnisse des Kastengeistes hinter sich gelassen,
alle Gespinste überjährter Vergangenheit durchbrochen
haben; jeder auf seiner Scholle oder in seinem Handwerk, an
seiner Maschine, ein Mann für sich selbst. Whitman vereint
gleich Proudhon, mit dem er in vielem geistig verbunden ist,
konservativen und revolutionären Geist, Individualismus
und Sozialismus. Die Liebe aber zwischen den Menschen,
die noch notwendig dazu kommen muß, ist nach seiner
Lehre, für sein Künstlergefühl, keine vage, im allgemeinen
verschwimmende Menschenliebe; sie soll vielmehr, wie die
Liebe, die die Familie gegründet hat, vom Geiste der
Ausschließlichkeit beseelt sein, sie soll bestimmte Menschen,
Männer mit Männern, Frauen mit Frauen und natürlich
auch Männer mit Frauen zu neuen sozialen Gruppen
zusammenschließen. Das ist der Zusammenhang, in dem die
Kameradschaft, der Whitmans schönste und innigste
Gedichte gelten, mit all seinen Träumen von neuen Lebens-
und Volksgestalten steht. Es ist vergebliches Bemühen
modischer Pseudowissenschaft, in diesen
Kameradschaftsgefühlen irgend etwas Perverses oder
Pathologisches oder gar Degeneriertes finden zu wollen. Wir
müssen wieder lernen, daß starke Männer und starke Zeiten
sentimental sind; und daß schwächliche Zeiten und
Generationen es sind, die sich scheuen, sich rückhaltlos und
inbrünstig ihren Gefühlen, für das geliebte Weib, oder den
innig geliebten Freund, oder das Meer und die Landschaft
und das Weltall hinzugeben. Whitman war diese kosmische
Liebe und dieser Überschwang des Gefühls zu eigen; und
nur aus diesem Chaos und Abgrund der Innigkeit kann, so
ist sein Glaube, sein neues Volk erstehen. Auch hier, ohne
daß er je auf Parallelen aus ist oder nur an sie denkt,

deutliche Anklänge an die Geisteswelt des Künstlervolkes, der Griechen, und an ihre gesellschaftlichen Einrichtungen und Gewöhnungen. Eine besondere Richtung des Empfindens hat Whitman gehabt; daraus auf eine besondere Veranlagung seiner Natur zu schließen, sei solchen überlassen, die sich auf einer Zwischenstufe der Wissenschaft befinden.

Der besonderen Natur jeder gestaltenden Phantasie entspricht es, daß in allem Gefühl und in allem Geformten die Erotik lebt. Hätte Whitman so wie Faust das Evangelium Johannis zu übersetzen unternommen, sein erster Satz hätte wohl lauten müssen: »Im Anfang war das Gefühl.« Er betont das Gefühl und damit die Poesie als den Anfang alles Lebens und alles Volkes aber auch ganz bewußt, weil er weiß, von welcher Seite her den Amerikanern die Gefahr droht: »Was der amerikanischen Bevölkerung am gefährlichsten ist,« sagt er, »das ist ein Übermaß von Wohlstand, »Geschäft«, Weltlichkeit, Materialismus; was am meisten fehlt … das ist ein warmes und glühendes Volksgefühl, das alle Teile zu einem Ganzen vereinigen würde. Wer anders als eine Schar erhabenster Dichter kann jene Gefahr in Zukunft abwehren, diesen Mangel ausfüllen?« Nur ein großes Volk, meint er, kann große Dichter haben; aber vorher muß die Poesie es sein, die das große Volk gestaltet, »künstlerischen Charakter, Geistigkeit und Würde« ihm verleiht.

Der Dichter also, der Walt Whitman in seinem Gefühl von sich selbst und seiner Aufgabe sein will, ist Priester, Prophet, Schöpfer. Daß er außerordentliche Gewalt auf sein Volk und die geistige Macht seines Volkes – und derer, die in fremden Völkern als einzelne zu seinem Volke gehören – ausgeübt hat und weiter übt, ist sicher. Wie die Geschichte weiter geht, ob sein kühnstes Verkünden so Wirklichkeit wird, wie Phantasie und Wollen sich irgend erfüllen können, indem sie eine Wirklichkeit, die nicht genau gerade so aussieht, räumlich schaffen helfen, das kann keiner heute sagen. Aber das ist gewiß, daß er Amerikas größter Dichter und ein innig starker Lyriker für uns alle ist; und daß er der Lyrik eine neue Form und ein ungeheures neues Stoffgebiet – alle Tatsächlichkeiten der körperlichen und geistigen Welt – gegeben hat.

Ich glaube, ein Grashalm ist nichts Geringeres, als das
   Tagwerk der Sterne.

In diesem Sinne hat er sein erstes Gedichtbuch (1855) »Grashalme« genannt und hat dann im Lauf von mehr als dreißig Jahren sein ganzes dichterisches Werk in immer neuen Auflagen in dieses Buch, sein Buch, das er selbst ist, eingefügt.

Whitman, geboren am 31. Mai 1819 als Sohn eines Zimmermanns und Hausbauers im Staate New York, hat einen typisch amerikanischen Lebenslauf gehabt, bis recht spät der Dichter aus ihm herausbrach; er besuchte die Volksschule, war eine Art Laufbursche erst bei einem Rechtsanwalt, dann einem Arzt, wurde Setzerlehrling und, im Alter von neunzehn Jahren, Dorfschullehrer. Dann gründet er ein Wochenblatt, reist als Setzer und Journalist vielfach im Lande hin und her und wird schließlich Zimmermann wie sein Vater in Brooklyn. Vorher hatte er vielerlei Aufsätze, auch kleine und größere Novellen veröffentlicht. Während er Zimmermann war – aber nicht gerade durch die körperliche Arbeit, sondern durch die Muße; man beklagte sich wohl in der Familie über sein vieles Spazierengehen und Herumliegen – kam das Neue über ihn: auf einmal und zugleich der neue Geist, die neue Form, und mit dem Unendlichkeitsgefühl auch der Unendlichkeitsstoff. Später, während des Krieges, ist er drei Jahre lang freiwilliger Krankenpfleger, wobei er den Kranken durch sein Geplauder und durch sein teilnahmsvolles schweigendes Bei-ihnen-Sitzen, durch seine Liebe und die suggestive Kraft seiner Person – alle seine Bilder zeigen, daß die Innigkeit, die Versunkenheit und die Mitteilsamkeit seines Wesens sich auch in seiner Leiblichkeit gestaltet hatte – am meisten Gutes tat. Eine Zeitlang bekleidete er dann einen untergeordneten Posten in einem Ministerium, wobei er der Maßreglung um seiner Gedichte willen nicht entging; 1873 erlitt er den ersten Schlaganfall, war aber noch lange in starker geistiger Kraft tätig; lebte von den Erträgnissen seiner Schriften und Unterstützungen des Kreises, der sich mehr und mehr an ihn schloß; in Camden, New Jersey, ist er am 26. März 1892 gestorben.

Im Alter von über dreißig Jahren also ist Whitman zu seiner Dichterkraft gekommen; was er vorher geschrieben, hat kaum eine Beziehung zu dem Wesen, das nun herauskam. Einer, der langsam reift und über den es dann noch mit vehementer Plötzlichkeit kommt, ist er. Das Vorwort, das er 1855 seinem Buche mitgab, vereinigte die Reife des Mannes, der wie eingewachsen auf seinem Platze steht, mit der blutjungen Hingerissenheit des Beginnenden. »Der reichste Mann ist der, der aller Pracht, die er sieht, Gleichartiges aus dem größeren Vorrat seines eigenen Selbst entgegenstellt.« Das ist seine erste Entdeckung, zu der erst später Einflüsse von Fichte und Hegel gekommen sind, während, wie Bertz in einem übrigens ungenießbaren Buch richtig zeigt, Emerson schon damals eingewirkt hat: daß der Mensch in seinem Ich, in seiner Geistigkeit die ganze Welt trägt, daß die Welt nur eine unendliche Fülle von Mikrokosmen ist, eine Pluralität und Unzähligkeit von »Identitäten«, von selbstbewußten Kreuzungspunkten der Weltenströme. Was er also den Amerikanern als Religion des Geist- und Universalgefühls bringt, ist eine neue Form der ewigen Lehre der Philosophen und Mystiker von Indien über die christliche Mystik zu den Magikern der Renaissancezeit und weiter über Berkeley und Fichte bis in unsere Tage: der heute sogenannte Monismus dagegen hat nur schwache Ähnlichkeit mit dieser Erkenntnis. Am meisten Verwandtschaft hat Whitmans Lehre noch mit dem nicht entsagungsvollen, sondern freudig dem vollen Leben zugewandten magischen Pantheismus, wie er sich in der Renaissance von Nicolaus Cusanus her bei Paracelsus, Agrippa von Nettesheim und ähnlichen Geistern gebildet hatte. Der viele Aberglaube bei diesen darf unsere Vergleichung nicht stören; das war ihre gerade erst von ihnen geschaffene Natur»wissenschaft«, wie Whitman in unserer Natur»wissenschaft« und Technik schwelgt. Ja, sogar in der Form findet man bei jenen Magiern der Renaissance – die Whitman kaum gekannt haben wird – Verwandtes; so hat Agrippa von Nettesheim ein gewaltiges Motto zu seinem Buch »Von der Eitelkeit der Wissenschaften«(1), das nach Geist und Form völlig whitmanisch ist. Ich führe es hier an:

Unter Göttern bleibt keiner ungezaust von Momus.
Unter Heroen jagt nach jedweden Ungeheuern Herkules.
Unter Dämonen wütet der König der Unterwelt Pluton
    gegen alle Schatten.
Unter Philosophen lacht über alles Demokritus.
Dagegen weint über das Ganze Heraklitus.
Nichts weiß von gar nichts Pyrrhon.
Und alles zu wissen dünkt sich Aristoteles.
Verächter des Ganzen ist Diogenes.
Von all dem nichts fehlt hier Agrippa. (Whitmans Myself,
    Ich.)
Verachtet, weiß, weiß nicht, weint, lacht, wütet, jagt, zaust
    alles.
Selbst Philosoph, Dämon, Heros, Gott und die ganze Welt.

    (1) In zwei Bänden bei Georg Müller, München deutsch erschienen, von Fritz Mauthner neu herausgegeben.

Aber auch mit uralten indischen Gedichten berührt sich Whitman aufs engste, die ja durchaus nicht alle mit dem Gefühl, daß das Ich eine Weltidentität sei, den Pessimismus oder die Weltflucht verbanden; wie man denn in Amerika gleich sagte, diese Gedichte Whitmans seien wie ein Konglomerat aus der »Bhagavad-Gita« und dem »New York Herald«. Das war sehr witzig, aber sehr falsch, denn die »Bhagavad-Gita« enthält das, was man da den »New York Herald« nennt, nämlich die kataloghafte Aufzählung der konkreten Tatsächlichkeiten der ganzen Welt, schon völlig selbst in sich, und die Dinge, die das indische Gedicht aufzählt, um ein Bild von der unendlichen Mannigfaltigkeit zu geben, waren einmal ebenso modern, wie die Welt der Technik, der Natur und Kultur, die Whitman in seine Gedichte aufnimmt.

Nichts drängt sich beim Lesen dieser Gedichte so auf, wie das Gefühl der Unmittelbarkeit, der gänzlichen Abwesenheit der literarischen Reminiszenz oder irgendwelchen Alexandrinismus. Obwohl Whitman viel gelesen hat, war er doch gar kein Leser und Zusammenleser, nahm nur das in sich auf, was schon vorher in ihm war. Darum ist es so überaus wahr, was er in seinen »Grashalmen« dem Leser als Abschiedswort sagt:

Camerado, dies ist kein Buch,
Wer dies berührt, berührt einen Menschen ...

Wie jeder echte Künstler hat auch Whitman die volle Bewußtheit seines Schaffens, und das Beste, was ästhetisch-kritisch über ihn zu sagen ist, sagt er uns selbst. Das Bezeichnende an seiner Poesie ist ihre »suggestiveness«; ihre Suggestivkraft, in der er, wie ein Dirigent eines Orchesters nicht fürs Ohr, sondern fürs Auge, immer neues Gestaltengewoge vor uns hinschweben läßt, uns die »Atmosphäre des Themas oder Gedankens« gibt, in der dann unser eigenes Erleben weiter dahinfliegt. Er ist ein

Dichter von ganz ungemeiner Sinnlichkeit und Gegenständlichkeit; er scheint nur mit den Sinnen gedacht zu haben; auch seine ganz im inneren Erlebnis versunkenen Abstraktionen bewahren diesen konkreten Charakter. Auch wenn er das Unsagbare sagen will, und wenn er sagen, fast stammeln will, daß es unsäglich ist, schreit er wie aus tiefster Besinnung zum Beginn des Gedichts etwa auf:

Das da ist in mir – ich weiß nicht, was es ist – doch ich weiß,
    es ist in mir

und schafft uns dadurch sofort die Stimmung des leibhaftigen Erlebens.

Daß übrigens die konkrete Aufzählung einzelner Wirklichkeiten, die zu einem Ganzen gehören, selbst ohne Ausdruck der Empfindung des Miterlebenden, wenn die angeführten Tatsächlichkeiten nur von starker Sinnfälligkeit erfüllt sind, wie ein Gedicht wirken kann, möchte ich an einem Beispiel zeigen, mit dem ich schon ab und zu Freunde hineingelegt habe. Wie mancher möchte das folgende für ein Gedicht Whitmans halten, das etwa den Titel »Nacht im Feldlager« führen könnte:

Werda! der Schildwache vorm Zelt.
Werda! der Infanterieposten.
Werda! wenn die Runde kam.
Hin- und Wiedergehen der Schildwache.
Geklapper des Säbels auf dem Sporn.
Bellen der Hunde fern.
Knurren der Hunde nahe.
Krähen der Hähne.
Scharren der Pferde.
Schnauben der Pferde.
Häckerlingschneiden.
Singen, Diskurrieren und Zanken der Leute.
Kanonendonner.

Brüllen des Rindviehs.
Schreien der Maulesel.

So, in scheinbare Verse abgeteilt findet sich das bei Goethe. Sind aber keine Verse, sondern ein Versuch, bei Gelegenheit der Belagerung von Mainz, »die mannigfaltigen fern und nah erregten Töne« »genau zu unterscheiden« und aufzuzeichnen. Ich kenne manches »impressionistische« »Gedicht« manches Modernen, das schlechter ist als dieser Tönekatalog Goethes.

Daher, daß sein poetisches Empfinden, sein rhythmisches Verklären und sein Wahrnehmen immer beieinander sind, daher kommt es, daß es nichts in der Welt gibt, was sich unter Whitmans Hand nicht zu Dichterischem wandelt, daß er auch ganz und gar nicht auf die literarisch überlieferte Mustertafel der Gleichnisse angewiesen ist, sondern ihm in einer wahrhaft homerischen Fülle Neues und Ungewohntes zum Bilde wird. Ist aber dieses Beisammenwohnen des Sehens und des Empfindens, des Denkens mit allen Gegenständen der Welt nicht dasselbe, was er aus den Menschen herausholen will: Liebe?

Denn wer hundert Meter ohne Liebe wandelt, der wandelt
in seinem Totenhemd mit seinem eignen Begräbnis.

Die Form Whitmans, die so wenig improvisierte Begeisterungsrede ist, wie ein impressionistisches Bild, das den Eindruck der Augenblicklichkeit schafft, mit ein paar Pinselhieben hingeworfen wird, ist ein streng rhythmisches Gefüge, das aber nur das Gesetz des Tempos anerkennt, im übrigen sich durch keine Traditionen der Poetik binden läßt. Das Chaotische und Massenhafte, das nicht objektiv gebändigt dargestellt werden sollte, sondern in aller Gegenständlichkeit immer ein Erleben der Empfindung, ein Ausfluß der Subjektivität ist, hat zu dieser Form geführt, die wie ein gewaltig fortreißendes Heraussprechen und

Herausbrechen aus einem Erleben wirkt, das mehr als ein schmales, isoliertes Menschen-Ich ist, das vielmehr alles, was draußen vorgefunden wird, aus der eigenen Universalität herausgeholt zu haben scheint.

Eines Tages, in der Zeit, als er die Kriegsverwundeten pflegte, schrieb Whitman in sein Tagebuch: »Es ist seltsam: solange ich bei den entsetzlichsten Szenen zugegen bin, Sterben, Operationen, ekelhafte Wunden (vielleicht voller Maden), bleibe ich ruhig und fest und energisch, wenn auch mein Mitgefühl sehr erregt ist; aber oft, stundenlang nachher, vielleicht wenn ich zu Hause bin oder allein spazieren gehe, wird es mir schlecht, und ich zittere tatsächlich, wenn ich mich an den bestimmten Fall wieder erinnere.« Das hat er nur so aufgeschrieben, um die Tatsache zu verzeichnen; es ist ihm nichts dabei eingefallen, was die Tatsache zum Sinnbild gemacht hätte. Aber es kann einem dabei seine ganze Natur und die ganze und besondere Größe seines Dichtertums aufgehen. Denn daß die Erlebnisse, wenn sie schon vorbei sind, auf einmal mit verstärkter Wucht wiederkehren, daß die Erinnerungen mit der vollen Kraft des Erlebens auf ihn einstürmen, das ist ein Zeichen seiner manchmal bis ins Visionäre gesteigerten Phantasie, ebenso wie sein Verhalten in der Mitte des Geschehnisses von seiner unverbrüchlichen Sachlichkeit, seiner geborenen Tapferkeit, seiner beherrschten Menschenliebe Kunde gibt.

DAS SELBST SING ICH

Das Selbst sing ich, schlechtweg den Einzelmenschen,
Doch äußere dazu das Wort Demokratisch, das Wort En-
    masse.

Physiologie sing ich von Kopf zu Fuß,
Nicht Physiognomie noch Hirn allein ist würdig der Muse,
    falls völlige Form die würdigste ist,
Das Weibliche sing ich gleichen Rangs mit dem Männlichen.

Weiten des Lebens, Gluten, Drang und Macht,
Freudig um freieste Tat, erstanden aus Gottesrecht,
Den modernen Menschen sing ich.

ALS ICH SCHWEIGEND BRÜTETE

Als ich schweigend brütete,
Von meinen Gedichten nicht loskam, erwägend, verweilend,
Erhob sich vor mir ein Gespenst unheimlichen Anblicks,
Furchtbar in Schönheit, Alter und Macht,
Geist von Dichtern alter Lande,
Als werfe es auf mich seine Augen wie Flamme,
Und mit dem Finger auf viele unsterbliche Dichtungen
    deutend,
Und drohender Stimme *Was singst du?* sprach es,
Weißt du nicht, daß es für Sänger, die dauern, ein Thema nur gibt?
Und das ist das Thema des Kriegs, das Glück der Schlachten,
Die Zeugung vollkommner Soldaten.

Sei's drum, gab ich zur Antwort,
Ich, hoffärtger Schatten, singe auch Krieg, längern und größern, als
    je einer war,
Angehoben in meinem Buch mit wechselndem Glück,
Mit Flucht, Vormarsch und Rückzug, vertagtem und schwankendem
    Sieg,
(Sicherm doch, dünkt mich, oder so gut wie sicherm, am Ende,) das
    Schlachtfeld die Welt,
Um Leben und Tod, um den LEIB und um die ewige SEELE,
Siehe, auch ich bin gekommen im Singen des Schlachtgesangs,
Ich vor allem bringe tapfre Soldaten hervor.

IN ENGEN SCHIFFEN ZUR SEE

In engen Schiffen zur See,
Endloses Blau ringsum gedehnt,
Mit pfeifenden Winden, Musik der Wogen, breiter, herrischer
    Wogen,
Oder einsam winziges Boot, Boje auf weiten Gewässern,
Das froh, vertrauend, weiße Segel spreitend,
Den Äther spaltet im Schaum und Glitzern des Tags, oder
    unter wechselnden Sternen zur Nacht,
Von Matrosen, jungen und alten, wie's kommt, sei ich,
    Nachklang vom Land, gelesen,
In voller Beziehung endlich.

Hier sind unsre Gedanken, Seefahrergedanken,
Hier liegt nicht Land bloß, Festland vor, mag dann ihre Rede
    gehen,
Der Himmel wölbt sich hier, wir spüren das wogende Deck untern
    Füßen,
Wir spüren das lange Pulsieren, Ebbe und Flut endloser Regung,
Die Töne des niegesehen Geheimen, die weiten schweifenden Zeichen
    und Reize der Salzwelt, die flüssigen Laute und Silben,
Der Duft, das leise Knarren des Tauwerks, das Maß der
    Schwermut,
Ohne Grenzen die Sicht, weit und verdämmernd der Horizont, alles
    ist hier,
Und das ist Meeresgedicht.

Dann wanke nicht, mein Buch, erfülle dein Geschick,
Du nicht ein Nachklang nur des Lands allein,

Du auch wie ein einsam winziges Boot, das den Äther
    spaltet, unbekannter Bestimmung, doch immer
    vertrauend.
Genosse jeglichen Schiffs, das fährt, fahr zu!
Bring ihnen meine Liebe gefaltet (liebe Matrosen, ich falte sie
    hier in jedes Blatt für euch;)
Spute dich, Buch! spreite weiß deine Segel, mein Kahn,
    dwars durch die herrischen Wogen,
Sing zu, fahr zu, trag über das endlose Blau von mir zu
    jedem Meer
Diesen Sang für Matrosen und all ihre Schiffe.

AN FREMDE LANDE

Ich höre, ihr suchet etwas, um diesen Knoten zu lösen, die
    Neue Welt,
Und Amerika zu erklären, seine athletische Demokratie,
Also nehmt hier meine Gedichte, daß sie euch zeigen, was
    ihr begehrt.

AN EINEN HISTORIKER

Du, der Geschwundenes feiert,
Der das Äußre erforscht hat, die Oberflächen der Rassen, des
    Lebens, das sich zur Schau gestellt hat,
Der vom Menschen gehandelt hat als Geschöpf von Politik,
    Gemengen, Herrschern und Priestern,
Ich, Sasse der Alleghenyberge, der von ihm handelt, wie er
    an sich ist im eigenen Recht,
Den Puls des Lebens drückend, das sich selten zur Schau
    gestellt hat (die große Pracht des Menschen in sich),
Der Sänger der Persönlichkeit, zeichnend, was erst noch
    kommen soll,
Ich entwerfe die Geschichten der Zukunft.

DEN STAATEN

Den Staaten oder einem von ihnen, oder jeglicher Stadt in
den Staaten, *Widerstrebt viel, gehorcht wenig,*
Einmal fragloser Gehorsam, zumal völlig geknechtet,
Einmal völlig geknechtet, erlangt kein Volk oder Staat, keine
Stadt dieser Erde je ihre Freiheit wieder.

AN EINE SÄNGERIN

Da, nimm dies Geschenk,
Ich hab es für einen Helden bewahrt, Mann der Rede, oder
General,
Für einen, der der guten alten Sache diente, der großen Idee,
dem Fortschritt und der Freiheit des
Menschengeschlechts,
Einem tapfern Despotentrotzer, kühnen Empörer;
Und nun seh ich, was ich bewahrte, ist dein just ebensogut
wie eines.

SCHLIESST EURE TÜREN NICHT

Schließt eure Türen nicht vor mir, stolze Bibliotheken,
Denn was in all euren Fächern, voll wie sie sind, fehlte und
    doch am meisten not tut, bringe ich,
Aus dem Krieg heraus, der anhebt, hab ich ein Buch
    gemacht,
Nichts die Worte, alles in meinem Buch die Bahn,
Ein besonderes Buch, abseits vom Rest und nicht vom
    Verstand erfaßt,
Doch ihr, sprachlose Abgründe ihr, werdet jegliche Seite
    durchdringen.

KÜNFTIGE DICHTER

Künftige Dichter! Musiker, Sänger, Redner der Zukunft!
Nicht heut ist's an dem, mich zu rechtfertigen und gut zu
    sagen, wer ich sei,
Doch ihr, ein neues Geschlecht, Ursprüngliche, Ringer,
    Bürger des Kontinents, größer als je geschaut,
Wacht auf! denn ihr müßt mich rechtfertigen.

Ich selbst schreibe nur ein oder zwei andeutende Worte für
    das, was kommt,
Ich trete nur kurz vor zu Schwung und in Hast zurück in
    die Dunkelheit.

Ich bin ein Mann, der im Schlendern, ohne so recht zu
    halten, zufälligen Blick euch zuwirft und dann sein
    Antlitz wendet,
Der euch Beweis und Erklärung vertraut,
Die Hauptsache euch vermacht.

AN DICH

Fremder, wenn du mich flüchtig streifst und Lust hast, zu
    mir zu sprechen, warum solltest du nicht zu mir
    sprechen?
Und warum sollt ich nicht sprechen zu dir?

AUSGEHEND VON PAUMANOK

1.

Ausgehend vom fischförmigen Paumanok, wo ich geboren
    bin,
Wohlgezeugt, und erzogen von einer vollendeten Mutter,
Wandrer bisher in vielen Landen, Freund des Pflasters und
    Volksgedrängs;
Siedler in meiner Stadt Manahatta oder auf Savannen des
    Südens,
Oder Soldat im Lager oder mit Ranzen und Flinte, oder
    Gräber in Kalifornien,
Oder ruppig daheim in Dakotas Wäldern, Wildbret zur
    Nahrung, der Trunk aus dem Quell,
Oder zurückgezogen zu Sinnen und Grübeln in tiefer
    Verborgenheit,
Fern vom Gerassel der Mengen Pausen der Wonnen
    einlegend,
Vertraut mit dem frisch freien Spender Missouri dem
    Strömenden, vertraut dem gewaltigen Niagara,
Vertraut mit den Büffelherden, die dort in den Ebenen
    grasen, dem zottig breitbrüstigen Stier,
Mit Erde, Felsen, Maiblumen bekannt, Sterne, Regen, Schnee
    mein Staunen,
Fertig mit dem Lauschen auf Spottvogelweisen und der
    Ergründung des Bergfalkenflugs,
Im Ohr noch den unvergleichlichen Ruf der Einsiedeldrossel
    von Sumpfzedern im Morgengraun,
Rühr ich, einsamer Sänger des Westens, die Trommel für

29

eine neue Welt.

2.

Americanos! Erobrer! Marken der Menschheit!
Vorderste! Marken der Zeit! Freiheit! Massen!
Für euch ein Programm von Gesängen.
Präriengesänge,
Gesänge des langgestreckten Mississippi und hinab zur
    mexikanischen See,
Gesänge von Ohio, Indiana, Illinois, Iowa, Wisconsin und
    Minnesota,
Gesänge entspringend im Mittelpunkt Kansas und von da
    gleichgerichtet nach allen Seiten,
Schießend in feurigen Pulsen ohn Ende, überall Leben zu
    wecken.

3.

Nimm meine Blätter, Amerika, nimm sie Süd und nimm sie
    Nord,
Heißt sie überall willkommen, denn sie sind eure eigenen
    Sprossen,
Schließt einen Ring um sie, Ost und West, denn sie möchten
    um euch einen Ring schließen,
Und ihr Vorgänger geht freundlich mit ihnen um, denn sie
    sind freundlich zu euch.

Ich drang in alte Zeiten,
Ich saß forschend zu Füßen der großen Meister,
Jetzt wenn's sein könnt o möchten die Meister wiederkehren
    und mich erforschen.

Im Namen unsrer Staaten soll ich die Antike verschmähen?
Nein doch, sie sind der Antike Kinder, gekommen, um sie zu
    rechtfertigen.

4.

Gestorbene Dichter, Philosophen, Priester,
Märtyrer, Künstler, Erfinder, begrabne Regierungen,
Sprachgestalter an andern Küsten,
Einstmals gewaltige Völker, nun verfallen, abberufen oder
    vernichtet,
Ich trau mich nicht weiter, eh ich dankbar gut geschrieben,
    was zu uns von euch her geschwommen kam,
Ich hab es durchlaufen, bewundre es willig, (eine Weile
    hingegeben,)
Glaube, daß nichts je größer sein kann, nichts mehr
    Verdienst haben als es hat,
Betrachte es alles gespannt lange Zeit, geb dann ihm den
    Abschied,
Ich stehe an meiner Stelle hier im eigenen Tag.

Hier Volk aus Frauen und Männern,
Hier der Welt Erbschaft und Erbinschaft, hier die Flamme
    der Stoffe,
Hier Geistigkeit Übersetzerin, frei-anerkannte,
Immerstrebende, sichtbarer Formen Finale,
Erfüllerin, lang Erharrte, zur rechten Zeit nun Kommende,
Ja, hier naht meine Herrin die Seele.

5.

Die Seele,
Nun und immer und nun und immer – länger als braune
    und feste Scholle – länger als Wasser ebbt und flutet.

Ich will die Gedichte der Stoffe machen, denn ich glaube, sie
    werden die geistigsten Dichtungen sein,
Und ich will die Gedichte von meinem Leib und der
    Sterblichkeit machen,
Denn mich dünkt, so beschaffe ich mir die Gedichte von
    meiner Seele und Unsterblichkeit.

Ich will ein Lied für diese Staaten machen, daß kein einziger

Staat unter keinen Umständen einem anderen Staat
    unterworfen sein kann,
Und ich will ein Lied machen, daß Einvernehmen und Art
    bei Tag und Nacht sein soll zwischen all diesen Staaten
    und zwischen je zweien von ihnen,
Und ich will ein Lied machen für die Ohren des Präsidenten,
    voller Waffen mit drohenden Spitzen,
Und hinter den Waffen zahllose mißvergnügte Gesichter;
Und ein Lied mach ich von dem Einen, der aus allen gebildet
    ist, dessen Haupt über allen ist,
Dem krallenbewehrten funkelnden Einen,
Kriegerisch entschiedenen Einen, der allumfassend über
    allen ist,
(So hoch sonstwer das Haupt trägt, dies Haupt ist über
    allen.)

Ich will unsre Zeitgenossen anerkennen,
Ich will der ganzen Geographie des Erdballs spürend
    nachgehn und jegliche Stadt groß oder klein geziemend
    grüßen,
Und Gewerbe! Ich will in meine Gedichte setzen, daß in
    euch Heldentum ist zu Wasser und Land,
Und ich will alles Heldentum melden von amerikanischem
    Standpunkt aus.

Ich will das Lied der Kameradschaft singen,
Ich will zeigen, was diese allein schließlich kitten muß,
Ich glaube, diese sollen ihr eigenes Bild männlicher Liebe
    finden, das sie an mir bewähren,
Ich will drum lodernd das Feuer aus mir flammen lassen,
    das gedroht hat, mich zu verzehren,
Ich will forttun, was dies schwelende Feuer zu lang
    niedergehalten hat,
Ich will ihm zügellos Freiheit lassen,
Ich will das Evangelium-Gedicht von Kameraden und Liebe
    schreiben,

Denn wer wenn nicht ich soll Liebe verstehn mit all ihrem
    Leid und Lust?
Und wer wenn nicht ich soll Dichter der Kameraden sein?

6.

Ich bin der Gläubige, baue auf Gaben, Alter, Rassen,
Ich entsteige dem Volk in seinem eigenen Geist,
Was hier singt, ist unbedingter Glaube.

Omnes! omnes! mögen andre wegsehn, wovon sie wollen,
Ich mache auch das Gedicht vom Bösen, ich huldige auch
    diesem Teil,
Ich bin selbst just so böse wie gut und wie mein Volk ist –
    und ich sage, es gibt in der Tat nichts Böses,
(Oder wenn's derlei gibt, so sag ich, es ist just so bedeutend
    für euch, das Land oder mich wie irgendwas sonst.)

Ich auch, Nachfolger vieler und Vorgänger vieler, bin Stifter
    einer Religion, ich begebe mich auf den Kampfplatz,
(Kann sein, ich bin bestimmt, die hellsten Rufe da
    auszustoßen, des Siegers gellendes Jauchzen,
Wer weiß? es mag noch aus mir dringen und über alles
    steigen.)

Kein Ding ist für sich selber da,
Ich sage, die ganze Erde und alle Sterne am Himmel sind um
    der Religion willen da.

Ich sage, keiner ist noch je halb fromm genug gewesen,
Keiner hat noch je halb genug verehrt oder angebetet,
Keiner hat angefangen zu denken, wie göttlich er selber ist,
    und wie sicher die Zukunft ist.
Ich sage, die wirkliche und dauernde Größe dieser Staaten
    muß ihre Religion sein,
Sonst gibt es keine wirkliche und dauernde Größe;
(Charakter nicht noch Leben des Namens wert ohne
    Religion,

Kein Land, kein Mann oder Weib ohne Religion.)

7.

Als ich in Alabama meinen Morgengang machte,
Sah ich, wie das Weibchen des Spötters auf seinem Nest im
    Dornstrauch auf seiner Brut saß.
Ich sah auch das Männchen,
Ich blieb stehn, um es ganz nahe zu hören, wie es die Kehle
    blähte und fröhlich sang.

Und als ich so stand, kam es mir, daß, warum er wirklich
    sang, nicht dort allein zu finden war,
Nicht bloß für sein Weibchen oder für sich und nicht für
    alles, was das Echo zurückrief,
Sondern zart, verborgen, weither von drüben,
Ererbtes Gebot und heimliche Schenkung den
    Neugebornen.

8.

Demokratie! Nah bei dir bläht sich nun eine Kehle auf und
    singt fröhlich ihr Lied.

Ma femme! für den fernen Nachwuchs und unsern eignen,
Für die zu uns gehörigen und die da kommen sollen,
Will ich jauchzend, um für sie bereit zu sein, nun Jubellieder
    hinausschmettern stärkre und stolzere als je auf Erden
    gehört worden sind.
Ich will die Lieder der Leidenschaft dichten, um ihnen ihren
    Weg zu bereiten,
Und eure Lieder, verstoßne Verbrecher, denn ich banne euch
    sanften Blicks in meine Verse und nehme euch mit mir
    so gut wie die andern.

Ich will das wahre Gedicht der Reichen dichten,
Für Körper und Geist alles zu holen, was haftet und
    Fortgang hat und nicht vom Tode verworfen wird;

Ich will Egoismus ausströmen und zeigen, wie er in allem
steck, und ich will der Sänger der Persönlichkeit sein,
Und ich will zeigen, daß Mann und Weib beide einander
gleich sind,
Und des Geschlechts Organe und Akte! zieht euch in mir
zusammen, denn ich bin gewillt, von euch mit tapferer
heller Stimme zu künden und euern Ruhm zu melden,
Und ich will zeigen, daß hier Unvollkommenheit heute
nicht ist und künftig nicht sein kann,
Und ich will zeigen, daß alles, was irgendwen trifft, schöne
Ergebnisse zeitigen mag,
Und ich will zeigen, daß nichts Schöneres zustoßen kann
als der Tod,
Und ich will einen Faden durch meine Gedichte spinnen,
daß Zeit und Begebenheiten ein Ganzes sind,
Und daß alle Dinge des Weltalls völlige Wunder sind, eins so
tief wie das andre.

Ich will nicht Gedichte schreiben in bezug auf Teile,
Sondern ich will Gedichte, Gesänge, Gedanken schreiben in
bezug auf Zusammen,
Und ich will nicht in bezug auf einen Tag singen, sondern
in bezug auf alle Tage,
Und ich will kein Gedicht machen noch den geringsten Teil
eines Gedichts, der nicht Bezug auf die Seele hat,
Weil ich die Gegenstände des Weltalls beschaut habe und
finde, es gibt keinen und nicht das geringste Stückchen
von einem, das nicht Bezug auf die Seele hat.

9.

Hat einer begehrt, die Seele zu sehen?
Sieh, deine eigne Gestalt und Haltung, Personen, Wesen,
    Tiere, die Bäume, die fliehenden Ströme, die Felsen und
    Wüsten.

Alle halten geistige Lust und lassen sie wieder los;
Wie kann der wahre Leib je sterben und je begraben sein?

Von deinem wahren Leib und jedermanns und jedenweibs
    wahrem Leib
Entrinnt Stück für Stück den Händen der Leichenwäscher
    und birgt sich in passenden Sphären,
Und nimmt mit, was ihm zugewachsen vom Augenblick der
    Geburt bis zur Stunde des Todes.

So gut wie die Lettern, die der Setzer gefügt hat, den Druck,
    die Bedeutung, den Sinn wiederholen,
Kehrt eines Manns Wesen und Leben oder eines Weibs
    Wesen und Leben in Leib und Seele zurück,
Unbekümmert vor dem Tod und nachher.

Siehe, der Leib umschließt die Bedeutung und ist der Sinn
    und umschließt die Seele und ist sie;
Wer du auch seist, wie göttlich und stolz ist dein Leib und
    jedes Stück von ihm!

10.

Mit mir, doch fest verbunden, doch vorwärts eile, eile.

Für dein Leben hänge an mir,
(Zureden müßte man mir vielleicht oft, eh ich bereit, mich
    dir wirklich zu geben, aber was liegt daran?
Muß nicht oft der Natur zugeredet werden?)

Kein gezierter dolce affetuoso ich,
Bärtig, sonnverbrannt, graunackig, störrisch hab ich
    erreicht,

Daß man, komm ich daher, mit mir um die echten Preise des
    Weltalls ringt,
Denn solche biete ich jedem, der standhält, sie zu gewinnen.

11.

O trauter Camerado! O endlich du und ich, und nichts als
    wir.
O nun ein Wort zum Weiterschreiten, zwecklos klar!
O Überschwengliches – beweislos, wild, Musik!
O sieghaft oben bin ich – so auch du;
O Hand in Hand – o heilsame Lust – o Neuer, der Liebe und
    Sehnsucht gewonnen!
O fest verbunden zu eilen – zu eilen, vorwärts zu eilen mit
    mir.

DER GRUNDSTEIN ALLER METAPHYSIK

Und nun, meine Herrn,
Geb ich Ihnen ein Wort zur Erinnerung und zur
    Besinnung,
Als Grundstein und als Finale für jegliche Metaphysik.
    (So zu den Studenten der alte Professor
    Am Schluß seines überfüllten Kollegs.)
Hab nun die neuen und die antiken, Systeme der Griechen
    und Deutschen erforscht,
Hab Kant erforscht und gedeutet, Fichte und Schelling und
    Hegel,
Gedeutet die Lehre Platons, und Sokrates größer als Platon,
Und habe den, der größer, als Sokrates suchte und deutete,
    Christus den Göttlichen lange erforscht,
Und nun blicke ich heute zurück auf all diese griechischen
    und deutschen Systeme,
Sehe alle die Philosophen, christliche Kirchen und
    Richtungen seh ich,
Unterirdisch aber und hell sehe ich Sokrates, und
    unterirdisch Christus den Göttlichen seh ich,
Die Liebe des Menschen zum Kameraden, das Band
    zwischen Freund und Freund,
Des wohlgeborgenen Gatten und Weibs, von Kindern und
    Eltern,
Von Stadt zu Stadt und Land zu Land.

ICH SAH IN LOUISIANA EINE EICHE WACHSEN –

Ich sah in Louisiana eine Eiche wachsen,
Ganz allein stand sie und das Moos hing von ihren Ästen,
Ohne Genossen wuchs sie und äußerte immergrün dunkel
    und froh ihre Blätter,
Und ihr Anblick, rauh, stark, unbiegsam, rüstig, gemahnte
    mich an mich selbst,
Nur daß ich staunte, wie sie ihr Laub froh äußern konnte,
    da sie allein stand, ohne den nahen Freund, denn ich
    wußte, ich könnte es nicht,
Und ich brach einen Zweig, der etliche Blätter trug, und
    spann etwas Moos darum,
Und nahm ihn mit, und in meinem Zimmer hab' ich ihn
    aufgehängt,
Nicht daß ich Erinnerung an meine lieben Freunde
    brauchte,
(Denn ich glaube, schließlich denk ich kaum an andres als
    an sie,)
Aber er bleibt mir ein seltsames Zeichen, er mahnt mich an
    mannhafte Liebe,
Trotz allem und obwohl der Eichbaum dort in Louisiana
    grünt einsam für sich in weitem Flachland,
Und seiner Lebtag froh sein Laub herausstrahlt ohne
    Freund und Liebenden bei sich,
Weiß ich sehr wohl, ich könnte es nicht.

SALUT AU MONDE!

Du, wer du auch bist!

Du Tochter oder Sohn Englands!

Du aus den gewaltigen slawischen Stämmen und Reichen!
    Du Russe in Rußland!

Du Dunkelsproß, schwarzer Afrikaner mit göttlicher Seele,
    Breiter, Schmalköpfiger, edel Gebauter, stolzer
    Bestimmung, auf gleichem Fuß mit mir!

Du Norweger! Schwede! Däne! Isländer! Preuße Du!

Du Spanier aus Spanien! Du Portugiese!

Du französisches Weib und Franzose aus Frankreich!

Du Belgier! Du Freiheitsfreund in den Niederlanden!
    (Stamm, dem ich selber entsprossen;)

Du handfester Österreicher! Lombarde! Ungar! Du Böhme!
    Steirischer Bauer!

Du Nachbar der Donau!

Du Arbeitsmann vom Rhein, von der Elbe oder der Weser!
    Du Arbeitsfrau auch!

Du Sardinier! Du Bayer! Schwabe! Sachse! Wallache!
    Bulgare!

Du Römer! Neapolitaner! Du Grieche!

Du geschmeidiger Matador in der Arena von Sevilla!

Du Bergbewohner, der gesetzlos auf dem Taurus oder
    Kaukasus haust!

Du Hirt Bokharas, der seine Stuten weidet und Hengste
    züchtet!

Du schöner Perser, der im vollen Galopp im Sattel Pfeile
    nach dem Ziele schießt!

Du Chinese und Chinesin aus China! Tartar der Tartarei!
Ihr Frauen der Erde im Dienst eures Amtes!
Du Jude, der im hohen Alter durch alle Gefahren durch
    pilgert, um einst auf Palästinas Boden zu stehen!
Ihr andern Juden, die in allen Ländern auf ihren Messias
    warten!
Du sinnender Armenier, der an einem Euphratstrom brütet!
    Du Starrer unter den Ruinen von Ninive! Du
    Araratbesteiger!
Du müder Pilger, der sich fortschleppt, um das ferne
    Funkeln der Minarete von Mekka zu grüßen!
Ihr Scheiks auf der Stecke von Suez nach Bab-el-Mandeb,
    Gebieter eurer Familien und Stämme!
Ihr Ölbaumpflanzer, die ihre Früchte hegen auf den Feldern
    von Nazareth, Damaskus oder am See Tiberias!
Du tibetanischer Kaufmann im weiten Innern, oder in den
    Läden von Lassa feilschend!
Du japanischer Mann oder Frau! Bewohner Madagaskars,
    Ceylons, Sumatras, Borneos!
All ihr Festlandbewohner in Asien, Afrika, Europa,
    Australien, wo eure Stätte sei!
Alle ihr auf den zahllosen Eiländern der Inselmeere!
Und ihr in den fernen Jahrhunderten, wo ihr mich hört!
Und du jeglicher und allenthalben, den ich nicht bezeichne,
    doch den ich mit einschließe!
Heil euch! Willkommen euch allen, von mir und Amerika
    dargebracht!

Jeder von uns unvermeidlich,
Jeder von uns grenzenlos – jeder mit seinem oder ihrem
    Recht auf die Erde,
Jeder von uns mit dem Anspruch auf das ewige Erbe der
    Erde,
Jeder hienieden so göttlich wie irgendeiner hienieden.

LIED DER LANDSTRASSE

1.

Und nun von Stund an erklär ich mich frei von Schranken
    und eingebildeten Linien,
Ich gehe, wohin ich will, mein eigener Herr völlig und
    gänzlich,
Ich höre auf andre und prüfe gut, was sie sagen,
Breche ab, empfange, suche, betrachte,
Freundwillig, jedoch unbeugsamen Willens, der Krücken
    entratend, die mich stützen wollen.

Ich atme die Weiten des Raums ein,
Ost und West sind mein, und Nord und Süd sind mein.
Ich bin weiter, besser als ich vermeint,
Ich wußte nicht, daß ich so gütig sei.

Alles erscheint mir nun schön,
Männern und Fraun kann ich immerzu sagen, ihr waret so
    gut zu mir, ich wäre grad so zu euch.
Kraft will ich sammeln für mich und für euch, wenn ich
    wandre,
Unter Männer und Fraun will ich mich streun, wenn ich
    wandre,
Neue Lust und Herbheit will ich aus ihnen schütteln,
Verleugnet mich einer, so solls mich nicht stören,
Nimmt mich einer auf, ob Mann ob Frau, so sei er gesegnet
    und wolle mich segnen.

2.

Erschienen jetzt tausend vollkommene Männer, es sollt mich
  nicht wundern,
Erschienen jetzt tausend schöne Frauengestalten, ich würde
  nicht staunen.
Ich sehe jetzt in das Geheimnis, wo die besten Menschen
  herkommen.
Sie wachsen in freier Luft, haben Essen und Schlaf mit der
  Erde.
Hier ist Raum für große persönliche Tat.
(So eine Tat ergreift die Herzen des ganzen
  Menschengeschlechtes,
Was ihr an Stärke und Willen entströmt, reißt alle Gesetze
  um und spottet aller Autorität und aller Reden gegen
  sie.)

Hier ist die Prüfung der Weisheit,
Weisheit wird nicht letztlich in Schulen geprüft,
Weisheit ist nicht übertragbar von dem, der sie hat, auf den,
  der sie nicht hat,
Weisheit entstammt der Seele, ist keines Beweises fähig, ihr
  eigner Beweis,
Paßt auf alle Stufen und Gegenstände und Eigenschaften
  und ist genügsam,
Ist die Gewißheit der Wirklichkeit und Unsterblichkeit der
  Dinge, und der Trefflichkeit aller Dinge;
Etwas ist im Strom der sichtbaren Dinge, das sie aus der
  Seele hervorruft.

Jetzt überprüf ich Philosophien und Religionen,
Sie mögen gut sein für Vorlesungssäle, doch nicht im
  geringsten unter den massigen Wolken, an eilenden
  Strömen und in der Landschaft.

Hier ist Verwirklichung,
Hier ist der Mensch aus dem Kernholz geschnitten – er
  bewährt, was er in sich hat,

Das Gestern, das Morgen, die Herrlichkeit und die Liebe –
    sind sie nicht in euch, so seid ihr nicht in ihnen.
Nur der Kern jeder Sache ernährt;
Wo ist der Mann, der euch und mir die Schalen abstreift?
Wo ist der Mann, der euch und mir Masken und Hüllen
    zerreißt?

Hier ist Zusammenhalt, künstlich gedrechselter nicht,
    sondern spontaner;
Wißt ihr, was es heißt, im Vorbeigehn von Fremden geliebt
    zu werden?
Kennt ihr die Sprache der zugeworfenen Blicke?

3.

Allons! Durch Streit und Krieg!
Genanntes Ziel ist unwiderruflich.
Sind die vergangenen Kämpfe geglückt?
Was ist geglückt? Du? Dein Volk? Die Natur?
Nun höre mich wohl – es liegt im Wesen der Dinge, daß aus
    jedem genossenen Glück, gleichviel wie es heiße, etwas
    hervorkommt, das größeren Streit notwendig macht.

Mein Ruf ist der Kriegsruf, ich nähre tatkräftigen Aufstand,
Wer mit mir geht, muß in Waffen gehn,
Wer mit mir geht, kennt schmale Kost, Armut, scharfe
    Feinde, Abtrünnigkeit.

ICH SITZE UND SCHAUE

Ich sitze und blicke nach allen Qualen der Welt aus, und
 nach jeder Unterdrückung und Schmach,
Ich höre verhohlenes, krampfhaftes Schluchzen von jungen
 Menschen in Selbstquälerei, die in Reue sind nach
 geschehenen Taten,
Ich sehe im niederen Leben die Mutter von ihren Kindern
 mißhandelt, sterbend, vernachlässigt, ausgemergelt,
 verzweifelt,
Ich sehe das Weib vom Gatten mißhandelt, ich sehe den
 niederträchtigen Verführer der jungen Frauen,
Ich sehe das Nagen der Eifersucht und unerwiderter Liebe,
 mit Mühe zurückgedrängt, ich sehe diese Gesichte auf
 Erden,
Ich sehe die Werke der Schlacht, der Seuche, der Tyrannei,
 ich sehe Märtyrer und Gefangene,
Ich gewahre Hungersnot auf dem Meer, ich gewahre
 Seeleute, die Lose werfen, wer von ihnen getötet werden
 soll, um den andern das Leben zu retten,
Ich gewahre Schimpf und Verachtung von anmaßenden
 Herren Arbeitern zugeworfen, den Armen, und
 Negern, und dergleichen,
Nach allem – nach all der Gemeinheit und Todesnot ohne
 Ende halt ich im Sitze Ausschau,
Sehe, höre und schweige.

ALS ICH LAG, MEINEN KOPF IN DEINEM SCHOSS, CAMERADO

Als ich lag, meinen Kopf in deinem Schoß, Camerado,
Die Beichte wiederhol ich, die ich dir machte, was ich zu dir
    und der Luft gesagt, wiederhol ich,
Ich weiß, ich bin ruhlos und mache andre ruhlos,
Ich weiß, meine Worte sind gefährliche Waffen und tödlich,
(Wahrlich, ich bin der echte Krieger,
Nicht der dort ist's mit dem Bajonett und nicht der
    rotgestreifte Artillerist.)
Denn ich befehde Frieden, Sicherheit und alle festen Gesetze,
    um sie zu stürzen,
Ich bin entschlossener, da alle mich abwiesen, als ich je
    wäre, wenn sie mich grüßten,
Ich achte nicht und hab nie geachtet auf Erfahrung,
    Vorsicht, Mehrheit oder Verlachen,
Und die Drohung sogenannter Hölle ist wenig für mich
    oder nichts,
Und die Lockung sogenannten Himmels ist wenig für mich
    oder nichts;
Lieber Camerado! Ich bekenne, ich habe dich mit mir
    gerissen und reiße dich noch, und weiß nicht, nach
    welchem Ziel,
Oder ob wir siegreich sein werden, oder schmählich zu
    Boden geschlagen.

LEB WOHL, SOLDAT –

Leb wohl, Soldat,
Mann rauhen Feldzugs (den wir teilten),
Der schnelle Marsch, das Lagerleben,
Der heiße Streit feindlicher Fronten, das lange Hinziehn,
Die roten Schlachten mit ihrem Gemetzel, die Wut, das
    wilde, gräßliche Spiel,
Alles zeugt von tapferen und männlichen Herzen, von
    Zeiten, die du und deinesgleichen gefüllt,
Mit Krieg und Kriegsgepräge.

Leb wohl, Kamerad,
Dein Amt ist aus, – ich aber, kriegerischer,
Ich und dies mein streitendes Herz,
Wir stehen noch im eignen Feldzug,
Auf unbegangnen Wegen voller Gefahren und Hinterhalte,
Fechten in Niederlagen und Krisen, oft betrogen,
Und immer im Marsch, vorwärts marsch, den Krieg zu
    Ende, drauf,
Wir prägen wildere, schwerere Schlachten.

WENDE DICH, FREIHEIT –

Wende dich, Freiheit, denn der Krieg ist zu Ende,
Von ihm und jedem, der künftig ausbricht, nicht mehr
    zweifelnd, entschlossen, die Welt ausfegend,
Wende dich ab von nach hinten schauenden Ländern, die
    Abzüge des Gewesenen häufen,
Von den Sängern, die nachschleifend den Ruhm des
    Gewesenen singen,
Von den Liedern feudaler Welt, Königstriumphen, Sklaven
    und Kasten,
Hin zu der Welt und den Siegen, die bevorstehn und
    kommen, gib die Rückwärtswelt auf,
Gib den Sängern des Bisher den Laufpaß, gib ihnen das
    schleifende Gestern,
Doch was bleibt, bleibe deinen Sängern, künftige Kriege
    gehen um dich,
(O, wie die Kriege des Gestern dir so recht die Wege gebahnt,
    und die Kriege von heute bahnen sie auch;)
Wende dich denn getrost, o Freiheit – wende dein Tod nicht
    kennendes Antlitz,
Zukunftwärts, wo das Morgen, größer als alles Gestern,
Rasch und sicher wartet auf dich.

HEIMKEHR DER HELDEN

Ich war bei der Heimkehr der Helden dabei,
(Doch die trefflichsten Helden sehen wir nie mehr,
Die sah ich nicht an dem Tag.)
Ich sah die endlosen Korps, ich sah den Zug der Armeen,
Ich sah sie nahn, defilieren in Divisionen,
Nordwärts fluten sodann, nach vollbrachtem Werk, und in
     Haufen von Riesenlagern kampieren.
Keine Paradesoldaten – jung und doch Veteranen,
Müde, gebräunt, stattlich und stark, Bauern- und
     Handwerkerschlag,
Gestählt in vielen Schlachten und schwitzenden Märschen,
Abgehärtet auf manchem schwer erkämpften blutigen Feld.

Pause – die Heere warten,
Zahllos in Haufen aufgestellte Eroberer warten,
Es wartet die Welt, und dann – sanft wie sinkende Nacht,
     sicher wie Morgengraun,
Schmelzen sie hin, verschwinden.

Jauchzt, o Lande, siegreiche Lande!
Nicht euerm Sieg dort auf den roten schaudernden Feldern,
Jauchzt euerm Sieg hier und von nun an.
Schmelzt, ihr Heere, schmelzt fort – zergeht, Soldaten in
     Uniform,
Löst euch endgültig auf, legt die tödlichen Waffen nieder,
Andre Waffen und Felder von nun an für euch, ob Süden,
     ob Norden,
Heilsamere Kriege, holde Kriege, lebenspendende Kriege.

DER MYSTISCHE TROMPETER

1.

Horch, welch wilder Musikant, welch seltsamer Trompeter
Unsichtbar heute Nacht in Lüften schwebt und tolle Weisen
    schmettert.

Ich höre dich, Trompeter, scharf lauschend vernehm ich dein
    Spiel,
Jetzt um mich strömend, wirbelnd wie ein Sturm,
Jetzt leise, unterdrückt, jetzt in der Ferne verloren.

2.

Komm näher, Körperloser, vielleicht erklingt in dir
Ein toter Komponist, vielleicht erdrückte dich
Ein hohes Streben, ungeformtes Wollen,
Chaotisch drängten sich Klangwogen, Ozeane stiegen,
Daß nun dein Geist ekstatisch sich mir neigt und dröhnend
    schütternd seine Rhythmenflut
Vertrauensvoll in meine, meine Ohren gießt,
Daß ich sie übersetze.

3.

Blase, Trompeter, frei und hell, ich folge,
Und wie dein Vorspiel heiter froh verfließt,
Schwindet die fressende Welt, die Straßen, die lärmenden
    Stunden des Tags,
Heilige Stille senkt sich wie Tau auf mich nieder,
Ich wandle in kühl erfrischender Nacht die Pfade des

Paradieses,
Mir duftet das Gras, die feuchte Luft und die Rosen;
Dein Lied entfaltet den starr gefesselten Geist – befreit mich,
    läßt mich los,
Ich schwimme wohlig im Himmelssee.

4.

Blase nur, Trompeter! und vor die sehenden Augen
Stell mir die alten Heiden, bring die feudale Welt.
Was Zaubers wirkt dein Spiel! es tauchen vor mir auf
Längst tote Herrn und Damen, Barone in ihren Schlössern,
    die Troubadoure singen,
Gewappnet ziehn Ritter dem Unrecht entgegen oder suchen
    den heiligen Gral;
Ich sehe Turniere und Streiter in schwerer Rüstung auf
    knirschenden Rossen,
Ich höre das Jauchzen, das Dröhnen von Hieben und
    Stichen;
Ich sehe der Kreuzzugsheere Getümmel – horch, wie die
    Zimbeln schallen,
Sieh dort den Zug der Mönche mit hoch erhobenem Kreuz.

5.

Blas nur Trompeter! und zum Thema
Nimm nun das Thema, das alle einschließt, lösend und
    bindend,
Liebe, den Takt der Welt, den Trost und die Tränen,
Mannes und Weibes Herz mit nichts als Liebe,
Kein andres Thema als Liebe, – knüpfende, hegende,
    allüberschwemmende Liebe.

O wie die unsterblichen Wesen sich um mich drängen!
Ich sehe den großen Vergaser ewig tätig, ich kenne die
    Flammen, die Heizer der Welt,
Glut und Röte, pochende Herzen der Liebenden,

So selig manche, und manche so still, dunkel, nahe dem
    Tode;
Liebe, außer der Liebenden nichts ist – Liebe, die Zeit und
    Raum überwindet,
Liebe, die Tag und Nacht ist – Liebe, die Sonne und Mond
    ist und Sterne,
Liebe in Scharlach und Üppigkeit, duftkranke Liebe,
Keine Worte als Worte der Liebe, kein andres Denken als
    Liebe.

6.

Blas nur, Trompeter – beschwöre den Krieg.

Schnell rollt deinem Ruf ein murrendes Beben wie ferner
    Donner,
Sieh, die Bewaffneten eilen – sieh durch geballten Staub das
    Glitzern der Bajonette,
Da Kanoniere finsteren Blicks, und jetzt der rosige Blitz aus
    dem Rauch, ich höre den Krach der Geschütze;
Nicht Krieg allein – dein furchtbares Lied, wilder Spieler,
    bringt jegliches Schreckensgesicht,
Taten ruchloser Räuber, Plünderung, Mord – ich höre die
    Hilfeschreie!
Ich sehe scheiternde Schiffe auf hoher See, gewahre auf Deck
    und unter Deck die gräßlichen Szenen.

7.

Trompeter, mir ist ganz, als spieltest du auf mir,
Du schmelzest Herz und Hirn – rührst sie und ziehst und
    wandelst sie nach Laune;
Und jetzt erfüllt dein dumpfes Tönen mich mit Finsternis,
Du raubst das muntre Licht und jedes Hoffen,
Ich sehe die Getretnen, Unterjochten, Leidenden,
    Gedrückten des ganzen Erdenrunds,
Ich fühle meines Geschlechts Demütigung und maßlose

Schmach, sie wird die meine,
Mein auch die Empörung der Menschheit, der Schimpf der
Jahrhunderte, die zuschanden gemachten Fehden und
Wüte,
Völlige Niederlage lastet auf mir – alles verloren – der Feind
triumphiert,
(Doch in den Trümmern steht wie ein Riese der Stolz,
ungebrochen zum Äußersten,
Geduld, Entschlossenheit zum Äußersten.)

8.

Trompeter, nun zum Ende
Gewähre höhere Weise als bisher,
Sing meiner Seele zu, erneure ihr sehnendes Hoffen,
Rüttle den trägen Glauben empor, gib mir Vision der
Zukunft,
Gib mir einmal ihr Bild und ihre Lust.

O froher, jauchzender, gipfelnder Sang!
Nicht aus der Erde quillt dir die Gewalt,
Siegsmärsche – der entjochte Mensch – der Überwinder,
Dem Weltengott des Weltenmenschen Hymnen – lauter
Lust!
Die Menschheit neugeboren – die Welt vollkommen, lauter
Lust!
Frauen und Männer gesund, unschuldig, weise – lauter
Lust!
Lachende, rauschende Feste strotzend voll mit Lust!
Krieg, Elend, Kummer fort – Erde von Fäulnis rein – Lust
einzig übrig!
Die Meere lusterfüllt – die Lüfte lauter Lust!
Lust! Lust! in Freiheit, Andacht, Liebe! Lust! Lust! Im
Überschwang des Lebens!
Genug das bloße Sein! Genug zu atmen!
Lust! Lust! Überall Lust!

WANDL ICH DURCH DIE BREIT MAJESTÄTISCHEN TAGE

Wandl ich durch die breit majestätischen Tage des Friedens,
(Denn der Krieg, der Blutstreit ist aus, und du, o
    grauenvolles Ideal,
Nach ruhmvollem Sieg gegen gewaltige Übermacht,
Folgst nun deiner Bahn, bald aber vielleicht dichteren
    Kriegen zu,
Vielleicht um bald in furchtbarere Kämpfe und Nöte zu
    treten,
Längere Feldzüge und Krisen, der Arbeit vor allen andern,)
So höre ich um mich den Lärm der Welt, Politik,
    Produktion,
Anerkannter Dinge Ankündigungen, Wissenschaft,
    Technik,
Das erfreuliche Wachstum der Städte, die Flut der
    Erfindungen.

Ich sehe die Schiffe (sie dauern ein paar Jahre),
Die gewaltigen Fabriken mit Werkführern, Arbeitern,
Und höre all das akzeptiert und hab nichts dagegen.

Doch auch ich verkünde gediegene Dinge,
Politik, Wissenschaft, Technik, Schiffe, Städte, Fabriken sind
    nicht nichts,
Wie ein gewaltiger Zug, der Musik ferner Signale
    zuströmend, im Siegerschritt und Herrlicheres vor
    Augen,
Ersetzen sie Wirklichkeiten – alles ist, wie es sein soll.

Nun meine Wirklichkeiten;
Was sonst ist so wirklich wie meines?
Freiheit und göttliche Ausgleichung, jedes Sklaven
    Erlösung auf dem Antlitz der Erde,
Die entzückten Verheißungen und Lichtgebilde der Seher,
    die geistige Welt, zeitentrotzend diese Gesänge,
Und unsre Gesichte, die Gesichte der Dichter, die
    gediegensten Ankündigungen von allen.

HELLE MITTERNACHT

Dies ist deine Stunde, o Seele, die freie Flucht ins Wortlose,
Weg von Büchern, weg von Kunst, der Tag gelöscht, der
    Unterricht aus,
Hebst du dich völlig empor, schweigend, schauend, deine
    liebsten Gegenstände betrachtend,
Nacht, Schlaf, Tod und die Sterne.

JAHRE DES MODERNEN

Jahre des Modernen! Jahre des Unfertigen!
Euer Horizont erhebt sich, ich seh ihn schwinden für
     erhabnere Dramen,
Ich sehe nicht bloß Amerika, nicht bloß die Freiheitsnation,
     sondern andre Nationen bereit,
Ich sehe erschütternde Auftritte und Abgänge, neue
     Zusammenschlüsse, die Gemeinschaft der Rassen,
Ich seh diese Macht mit unwiderstehlicher Gewalt auf die
     Weltbühne treten,
(Haben die alten Mächte, die alten Kriege ihre Rolle gespielt?
     sind die Akte, die ihnen gemäß sind, zu Ende?)
Ich sehe die Freiheit, völlig gewappnet, siegreich und
     herrlich, links vom Gesetz und rechts vom Frieden
     geleitet,
Ungeheures Trio einig im Schritt gegen das Kastenwesen;
Was für geschichtlichen Schürzungen eilen wir zu?
Ich sehe Männer hin und wieder marschieren in raschen
     Millionen,
Ich sehe die Grenzen und Schranken der alten Aristokratien
     zertrümmert,
Ich sehe die Grenzsteine europäischer Könige entfernt,
Ich sehe den Tag, wo das Volk seine Grenzsteine setzt (alle
     andern verschwinden);
Nie wurden so scharfe Fragen gestellt wie heute,
Nie war der Durchschnittsmensch, seine Seele, energischer,
     näher an Gott,
Hört, wie er drängt und drängt und den Massen nicht Ruhe

läßt!

Sein kühner Fuß ist allenthalben zu Land und See, den
    Stillen Ozean besiedelt er und die Inselmeere,

Mit dem Dampfer, dem elektrischen Telegraphen, der
    Zeitung, den Welthandels-Kriegsmaschinen,

Damit und mit den Fabriken in aller Welt verkettet er alle
    Länder zu *einer* Geographie;

Was für ein Flüstern, o Länder, läuft über euch weg,
    schlüpft unter den Meeren durch?

Sind alle Völker geeint? Soll der Erdball nur ein Herz noch
    haben?

Bildet sich Menschheit im großen? wahrlich, Tyrannen
    erzittern, Kronen verdüstern,

Ein neues Zeitalter setzt sich die störrische Erde, vielleicht
    allgemeinen heiligen Krieg,

Niemand weiß, was nächstens geschieht, solche Zeichen
    füllen Tage und Nächte;

Jahre der Prophetie! der Raum, wie ich vorwärts strebe und
    umsonst mich mühe, ihn zu durchdringen, ist voller
    Gespenster,

Ungeborene Taten, Dinge, die bevorstehn, werfen ihre
    Schatten um mich,

Diese unglaubliche Hast und Hitze, diese seltsam
    ekstatischen Fieberträume, o Jahre!

Eure Träume, o Jahre, wie durchbohren sie mich! (ich weiß
    nicht, schlaf ich oder wach ich;)

Das fertige Amerika und Europa verglimmen, fallen
    schattenhaft von mir ab,

Das Unfertige, riesenhafter als je, dringt auf mich, dringt auf
    mich ein.

STAUB TOTER SOLDATEN

Staub toter Soldaten, ob Freunde, ob Feinde,
Wie ich rückwärts sinne und in Gedanken ein Lied summe,
Stellt sich der Krieg wieder ein, stellt eure Gestalten vor
    mich,
Stellt den Marsch der Armeen wieder her.

Geräuschlos wie Nebel und Dünste,
Heraus aus ihren Gräbern in Gräben,
Aus Friedhöfen in ganz Virginien und Tennessee,
In jeglicher Himmelsrichtung aus zahllosen Gruben hervor,
In schwebenden Wolken, großen Kolonnen, Gruppen
    selbzweit und -dritt oder vereinzelt kommen sie an,
Und sammeln sich schweigend um mich.

Nun keinen Ton, ihr Trompeter,
Nicht an der Spitze meiner Kavallerie die mutigen Rosse
    getummelt,
Im Schimmer gezogener Säbel, mit Karabinern am Bein, (oh,
    meine wackern Reiter!
Schöne Reiter mit Lohe im Antlitz! was führtet ihr für ein
    Leben,
Stolz in Wagnis und Lust.)

Keinen Ton auch, ihr Trommler, nicht beider Reveille im
    Morgengraun,
Nicht den langen Wirbel zum Lageralarm, selbst nicht
    gedämpften Trauerschall,
Nichts von euch diesmal, o Trommler, die ihr meine
    Kriegstrommeln truget.

Abseits aber von diesen und den Märkten des Glücks und
    der wandelnden Menge,
Zieh ich eng Kameraden zu mir, nicht gesehn von den
    andern und stumm,
Die Erschlagnen, die sich erheben und noch einmal leben,
    lebend gewordenen Staub und Trümmer,
Und ich singe den Sang meiner stillen Seele im Namen aller
    toten Soldaten.

Bleiche Gesichter mit staunenden Augen, sehr liebe Freunde,
    tretet heran,
Dicht zu mir, doch redet nicht.

Gespenster zahlloser Verlornen,
Unsichtbar den andern werdet künftig meine Gefährten,
Begleitet mich immer – verlasst mich nicht, solange ich lebe.

Hold sind die blühenden Wangen der Lebenden – hold der
    melodische Klang redender Stimmen,
Doch hold, ach hold sind die stummen Augen der Toten.

Meine Gefährten, alles ist aus und lange vorbei,
Doch Liebe ist nicht aus, Freunde – und welche Liebe!
Duft, der von Schlachtfeldern steigt, aus dem Gestank sich
    erhebt.

Durchdufte meinen Gesang, Liebe, unsterbliche Liebe,
Gib mir das Gedächtnis der toten Soldaten zu baden,
Sie einzukleiden und süß zu salben und ganz zu decken mit
    zarter Pracht.

Durchdufte alle – mach alle heil,
Mach diesen Staub nährend und blühend,
Löse sie alle, Liebe, und mache sie fruchtbar mit feinster
    Chemie.

Gib mir Unerschöpflichkeit, mach mich zum Quell,
Daß ich Liebe aushauche, wo immer ich gehe, gleich ewig

frischem Tau,
Für den Staub aller toten Soldaten, ob Freunde ob Feinde.

DANK IN HOHEM ALTER

Dank im Alter, Dank, eh ich gehe,
Für Gesundheit, Mittagssonne, zarte Luft – für Leben,
    bloßes Leben,
Für köstliches, nie vergehndes Gedenken (an dich, lieb
    Mutter mein, Vater, an dich, Brüder, Schwestern,
    Freunde),
Für all meine Tage – nicht bloß des Friedens – für die Tage
    des Kriegs desgleichen,
Für holde Worte, Liebkosungen, Gaben aus fremden
    Ländern,
Für Obdach, Wein und Fleisch, für süßes Verstehen und
    Grüßen,
(Ihr fernen, verschwimmenden, unbekannten, ob jung oder
    alten, zahllosen, ungeschiednen geliebten Leser,
Wir sahn uns nie und werden's nie – doch unsre Seelen
    küssen einander, lang, fest und lang;)
Für Geschöpfe, Gruppen, Liebe, Taten, Worte, Bücher – für
    Farben, Formen,
Für all die tapfern, starken, hingegebnen herzhaften
    Männer, die vorwärts sprangen, der Freiheit zu helfen,
    allerorten, allerzeiten,
Für tapfrere, stärkere Männer, hingegebnere Männer,
    (besondern Lorbeer, eh ich gehe, den Erwählten des
    Lebenskriegs,
Den Lied- und Idee-Kanonieren – großen Artilleristen – den
    vordersten Führern, den Kapitänen der Seele;)
Als verabschiedeter Soldat nach beendigtem Kriege – als

Wandrer aus Myriaden, zu dem langen Zug der
Rückschau.
Dank – frohen Dank! – Dank des Soldaten, des Wanderers
Dank!

INHALT

Einleitung 5

Das Selbst sing ich 17

Als ich schweigend brütete 18

In engen Schiffen zur See 19

An fremde Lande 21

An einen Historiker 22

Den Staaten 23

An eine Sängerin 24

Schließt eure Türen nicht 25

Künftige Dichter 26

An Dich 27

Ausgehend von Paumanok 28

Der Grundstein aller Metaphysik 37

Ich sah in Louisiana eine Eiche wachsen – 38

Salut au monde! 39

Lied der Landstraße 41

Ich sitze und schaue 44

Als ich lag, meinen Kopf in Deinem Schoß, Camerado 45

Leb wohl, Soldat – 46

Wende dich, Freiheit – 47

Heimkehr der Helden 48

Der mystische Trompeter 49

Wandl ich durch die breit majestätischen Tage   53

Helle Mitternacht   54

Jahre des Modernen   55

Staub toter Soldaten   57

Dank in hohem Alter   60

Anmerkungen zur Transkription:

Im folgenden werden alle geänderten Textstellen angeführt
wobei jeweils zuerst die Stelle wie im Original, danach d
geänderte Stelle steht.

Seite 5:

WALT WHITMANN

WALT WHITMAN

Seite 22:

Ich, Sasse der Alleghanyberge, der von ihm handelt, wie er

Ich, Sasse der Alleghenyberge, der von ihm handelt, wie er

Seite 29:

Gesänge von Ohio, Indiana, Illinois, Iowa, Wisconsin und

Gesänge von Ohio, Indiana, Illinois, Iowa, Wisconsin und

Seite 39:

slawischen Stämmen und Reichen! du Russe in Rußland!

slawischen Stämmen und Reichen! Du Russe in Rußland!

Seite 48:

stattlich und stark, Bauern-und Handwerkerschlag,

stattlich und stark, Bauern- und Handwerkerschlag,

Seite 53:

Anerkannter Dinge Ankündigungen, Wissenschaft Technik

Anerkannter Dinge Ankündigungen, Wissenscha
Technik,

Seite 62:

Ausgehend vom Paumanok

Ausgehend von Paumanok

Seite 62:

Wende dich, Freiheit

Wende dich, Freiheit –

www.ingramcontent.com/pod-product-compliance
Lightning Source LLC
Chambersburg PA
CBHW021534270326
41930CB00008B/1245